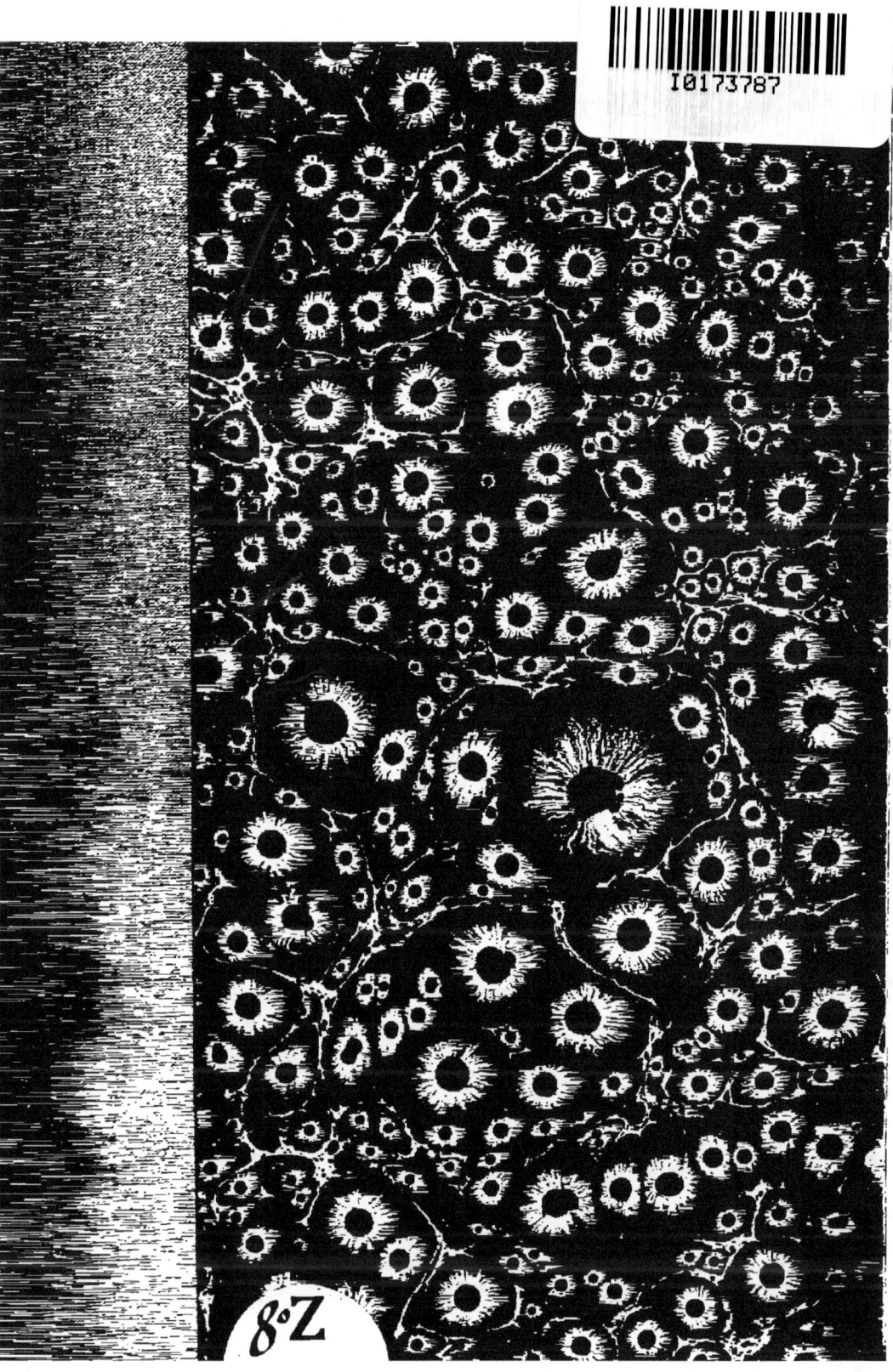

PARIS
ANCIEN ET MODERNE,

ORIGINE

DES RUES ET PRINCIPAUX MONUMENS DE CETTE VILLE,

Par Cousin d'Avalon.

ORNÉ

DE 4 GRAVURES, SUR ACIER.

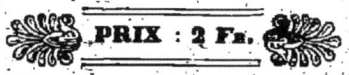
PRIX : 2 Fr.

Paris

AU PALAIS ROYAL.

CHEZ TOUS LES MARCHANDS DE NOUVEAUTÉS.

1835.

PARIS
ANCIEN ET MODERNE.

LAGNY. — Imprimerie d'A. Le Boyer, et Cie.

Entrée des Jacobins, rue St Jacques.

PARIS
ANCIEN ET MODERNE.

ORIGINE

DES RUES ET PRINCIPAUX MONUMENS DE CETTE VILLE ;

CHOIX

D'ANECDOTES CURIEUSES, DE FAITS HISTORIQUES, ETC.,
PROPRES A FAIRE CONNAITRE LE CARACTÈRE ET LES MOEURS
DE SES HABITANS.

PAR COUSIN D'AVALON.

Auteur des Promenades philosophiques et critiques
dans Paris.

 Paris.

P.-H. KRABBE, LIBRAIRE-ÉDITEUR,
MONTAGNE SAINTE-GENEVIÈVE, 46.

BOISGARD, rue des Mathurins-Saint-Jacques, 23.
LANGLOIS, rue des Grands-Augustins, 25.

1834.

PARIS
ANCIEN ET MODERNE.

RUE DES ÉCRIVAINS.

Ainsi nommée à cause des *écrivains* qui s'y établirent dans des échoppes, le long de l'église de Saint-Jacques-la-Boucherie.

La maison où demeurait *Nicolas Flamel* faisait le coin de cette rue et de la rue Marivault. L'histoire de cet homme est singulière ; il était né sans biens, de parens obscurs, et sa profession d'écrivain ne l'avait pas mis à portée d'acquérir de grandes richesses.

On le vit tout à coup, par ses libéralités, déceler une fortune immense. L'usage qu'il en fit est bien rare ; il fut riche pour les malheureux. Une honnête famille tombée dans l'indigence, une fille que la misère aurait peut-être entraînée dans le désordre, le marchand et l'ouvrier chargés d'enfans, la veuve et l'orphelin étaient les objets de sa magnificence. Il fonda des hôpitaux, répara quelques églises, et rebâtit en partie celle des Innocens, qui n'existe plus.

Naudé attribue les richesses de Flamel à la connaissance qu'il avait des affaires des Juifs, et ajoute que, lorsqu'ils furent chassés de France, en 1394, et que leurs biens furent acquis et confisqués au profit du roi, Flamel traita avec leurs débiteurs pour la moitié de ce qu'ils devaient, et promit de ne les pas dénoncer. Cette assertion est de toute fausseté; car, par les ordonnances de Charles VI, de 1394 et 1395, ce prince, déchargeant lui-même ses sujets de toutes dettes contractées avec ces infâmes usuriers, Flamel ne put pas s'enrichir en menaçant leurs débiteurs de les dénoncer.

Plusieurs curieux ayant fait fouiller la terre dans les caves de sa maison, y trouvèrent dans différens endroits, des urnes, des fioles, des matras, du charbon, et dans des pots de grès, une certaine matière minérale calcinée et grosse comme des pois.

A l'occasion de la maison de Nicolas Flamel, l'auteur de l'Essai d'une histoire de la paroisse Saint-Jacques-la-Boucherie, imprimé en 1757, rapporte le fait suivant :

« Un particulier, dit-il, sous un nom imposant, mais sans doute emprunté, se présenta en 1756 à la fabrique de cette paroisse, se disant chargé par un ami mort, d'une somme considérable qu'il devait employer à des œuvres pies. Ce particulier ajouta que, pour entrer dans les vues de son ami, il avait imaginé de réparer des maisons caduques appartenant à des églises; que la maison du coin de la rue Marivault, vis-à-vis de Saint-Jacques-la-Boucherie, avait besoin de réparations, et qu'il y dépenserait trente mille francs. L'offre fut acceptée; la réparation était le prétexte; l'objet véritable était une

fouille et l'enlèvement de quelques pierres gravées (1).
Les intéressés à la découverte du trésor imaginaire, veillaient avec soin à l'ouvrage; on creusait en leur présence; on emportait furtivement des moëllons et toutes les pierres gravées. La réparation qui a été faite peut monter à vingt mille francs; mais le particulier et les intéressés ont disparu sans payer, et cette dépense est probablement restée pour le compte du maître-maçon, qui s'est livré trop légèrement à des inconnus.

Il y a toute apparence que ces inconnus cherchaient la pierre philosophale, à laquelle on avait attribué les grandes richesses de Nicolas Flamel.

MANUFACTURE DES GOBELINS.

C'est dans la rue Mouffetard, n. 270, qu'est établie cette manufacture. Elle a pris son nom d'un nommé Gilles Gobelin, originaire de Reims, excellent teinturier en laine. Il s'établit en 1450, sous le règne de François Ier, dans une maison sur la petite rivière de Bièvre, que l'on nomma la *Folie Gobelin*. Elle devint, en 1666, manufacture royale, par les soins de Colbert, qui en confia la direction au peintre Lebrun.

Les ouvrages qui sortent de cette manufacture sont des plus riches, des plus beaux et des plus curieux, tant pour la correction du dessin, que pour la richesse des matières, la force et la vivacité des couleurs qui le disputent pour l'effet aux tableaux des plus grands maîtres.

(1) Saint-Foix a vu lui-même ces pierres où étaient gravées la figure de Nicolas Flamel et celle de sa femme, avec des inscriptions gothiques et des prétendus hiéroglyphes.

M. Belle, inspecteur, a beaucoup amélioré les moyens nécessaires pour faciliter les travaux; rien de plus ingénieux que les machines inventées à cet effet. Les ouvriers travaillent à l'envers de la tapisserie.

Cette manufacture est connue de l'Europe entière par ses tapisseries de haute lisse, où la laine est parvenue à exprimer toutes les nuances du pinceau le plus délicat et le plus suave.

RUE DE LA VIEILLE-DRAPERIE.

Cette rue, avant l'année 1182, était habitée par des Juifs qui furent chassés à cette époque; des drapiers qui s'y établirent ensuite, lui donnèrent le nom de *Draperie*; en 1313 elle prit celui de *Vieille-Draperie*.

Au coin ce cette rue était la maison de Jean Châtel, qui attenta sur la personne de Henri IV, et le blessa d'un coup de couteau à la lèvre supérieure, le mardi, 27 décembre 1594. L'espace qu'occupait cette maison qui fut rasée, forme cette petite place qui est devant la porte du Palais-de-Justice. On y avait élevé une pyramide avec des inscriptions; elle fut abattue en 1605.

MARCHÉ DES JACOBINS.

Ce marché fut établi sur le terrain qu'occupaient le couvent et le jardin des Jacobins de la rue Saint-Honoré.

L'église et le bâtiment n'avaient rien de remarquable par eux-mêmes; mais ils renfermaient des objets précieux. La bibliothèque comptait plus de trente-trois mille volumes.

Ce fut dans cette église que se tinrent les séances du fameux club des Jacobins, en 1792, 1793 et 1794.

Cette société fut d'abord dirigée par Mirabeau, les Lameth, etc., et par suite par Péthion, Vergniaud, Brissot, et en dernier lieu par Robespierre, Danton, Legendre, Collot-d'Herbois, Billaud-Varennes, etc.

PONT-D'ARCOLE.

Ce pont, situé entre la place de Grève et l'île Notre-Dame, a été fait à l'instar des ponts suspendus de la Tamise, et ne fut livré au public qu'en 1829. Il est réservé uniquement aux piétons, moyennant le léger péage de cinq centimes par personne.

Ce pont fut d'abord appelé *Pont de la Grève*; nom qu'il changea en 1830 contre celui d'Arcole, nom beaucoup plus sonore, et qui rappelait un glorieux souvenir; et voici à quelle occasion :

Le 30 juillet 1830, un jeune homme aussi brave qu'intrépide, dont on ignore le nom, portant le drapeau tricolore, s'avança sur ce pont en criant à ceux qui le suivaient : « Si je meurs, souvenez-vous que je m'appelle Arcole. » A l'instant il tombe sous les coups de la garde royale. Ses compagnons donnent aussitôt le nom d'Arcole au pont de la Grève, où s'était renouvelé un des plus beaux faits d'armes de la guerre d'Italie.

RUE D'ASSAS.

Cette rue qui commence rue du Cherche-Midi, et finit rue de Vaugirard, fut percée dans le cours de la révolution. On lui a donné le nom du chevalier d'Assas, capitaine au régiment d'Auvergne. Tout le monde connaît le dévoûment et le patriotisme du valeureux d'Assas.

RUE DES TOURNELLES.

Elle commence rue Saint-Antoine, et finit rue neuve Saint-Gilles. Son premier nom fut *Jean-Beau-Sire*; ensuite, vers l'an 1545, elle prit celui des Tournelles, parce qu'elle longeait le palais des Tournelles au sud-est; ce palais n'existe plus.

Ninon de l'Enclos demeurait dans la rue des Tournelles; elle y mourut le 17 octobre 1706, âgée de 91 ans.

Cette femme philosophe, aussi aimable que galante, disait : « Il faut qu'un homme soit bien pauvre en morale, quand il a besoin de la religion pour être honnête homme... »

L'abbé Testu, aumônier et prédicateur du roi, membre de l'Académie française, mort en 1706, soit par un véritable zèle, soit par le desir qu'il avait de faire sa cour au roi, en ramenant au bercail religieux quelque brebis importante et égarée, entreprit sur la fin de ses jours la conversion de Ninon qui, vieille et mourante, témoignait scandaleusement bien peu de frayeur de l'autre monde. Elle souffrait qu'il la préchât, mais sans lui faire espérer l'ombre d'un succès. « Il croit, disait-elle, que ma conversion lui fera honneur, et que le roi lui donnera pour le moins une abbaye; mais s'il ne fait fortune que par mon ame, il court un risque éminent de mourir sans bénéfice. »

Elle disait aussi :

« La vieillesse est le purgatoire des femmes, et l'enfer des folles. »

« Une jolie femme trouve cent séducteurs et pas un ami. »

« Ce qui me console de mourir, disait-elle encore, c'est que je ne laisse après moi que des mourans. »

RUE DE LA PARCHEMINERIE.

Ainsi nommée des fabricans et des marchands de parchemin, qui habitent cette rue.

Avant que l'imprimerie fût connue en Europe, les Bénédictins, les Bernardins et les Chartreux s'occupaient à copier les anciens auteurs; nous leur avons l'obligation de nous avoir conservé une infinité de livres.

Les Chartreux sachant que Gui, comte de Nevers, voulait leur faire présent de vases d'argent, marquèrent qu'il leur ferait plus de plaisir, s'il voulait leur donner du parchemin.

L'usage de papier n'est pas fort ancien; sous le règne du roi Jean on ne se servait encore que de parchemin.

RUE DE LA BUCHERIE.

Ainsi nommée parce que le port aux bois et aux *bûches* était tout près.

L'École-de-Médecine était jadis dans cette rue, et y avait été établie vers 1472. Anciennement les professeurs de cette faculté étaient *clercs*, et obligés de garder le célibat. Ils pressèrent tant le cardinal d'Estouteville, nommé pour la réformation de l'Université en 1452, et lui représentèrent avec des couleurs si vives les tentations auxquelles ils étaient sans cesse exposés, qu'ils obtinrent la permission de pouvoir se marier.

Sous le règne de François Ier, la dissection du corps humain passait encore pour un sacrilège; l'anatomie était donc une science presqu'inconnue, et les médecins de ce temps-là et des siècles précédens ne devaient pas être à beaucoup près aussi habiles que ceux d'à présent : mourait-il plus de monde?

RUE DE L'UNIVERSITÉ.

Cette rue, très longue et très large, est ainsi nommée, parce qu'elle est bâtie sur un fonds appartenant à l'Université, et qu'on appelait le *Pré-aux-Clercs*.

Anciennement l'Université était très puissante dans l'Etat : dès qu'il lui semblait qu'on donnait quelque atteinte à ses privilèges, elle fermait ses écoles; les prédicateurs cessaient de prêcher, et les médecins abandonnaient leurs malades. Le peuple se plaignait et criait ; la cour, obligée de céder, se pliait aux caprices de l'Université.

RUE DU CADRAN.

Une enseigne qui existait encore dans cette rue vers la fin du dix-septième siècle, représentant un os, un duc (oiseau), et un glôbe, figure du monde, avec cette inscription : *Os, bouc, duc, monde*, la fit nommer par corruption, *du bout du Monde*. C'est de pareilles enseignes que plusieurs rues ont pris leurs noms.

La rue du Bout du Monde a conservé son nom jusqu'en 1806, qu'elle prit celui du *Cadran*, d'une horloge qui sonne les heures avec carillon depuis plusieurs années.

RUE DU CALVAIRE, AU MARAIS.

C'est dans cette rue qu'existait avant la révolution un couvent de religieuses, dites du Calvaire. Ces saintes filles avaient conservé, comme une précieuse relique, le manteau du père Joseph, capucin; l'inventeur des espions soudoyés par la police, et des lettres-de-cachet, pour le ministère du cardinal de Richelieu. Ce capucin était sans doute un grand politique, mais à coup sûr un mauvais moine. Il ne suivait guère le précepte du concile de Mayence, qui défend absolument aux prêtres et aux moines de se mêler des affaires du siècle. *Ministri altaris clerici, vel monachi a negotiis omnino abstineant secularibus (concilium Maguntiæ).*

PONT-AU-CHANGE.

Le nom de ce pont, le plus large de Paris, lui vient des changeurs qui s'y tenaient.

Sous Charles VI, la mauvaise administration rendit au peuple le caractère remuant qu'il avait montré pendant le règne du roi Jean. Tous ces mouvemens finissaient toujours par le supplice des principaux insurgés; mais il arrivait souvent qu'on n'osait le leur faire subir en public, et qu'on se servait du prétexte de l'insurrection pour arrêter et faire mourir secrètement une multitude de citoyens innocens ou coupables, dont on jetait pendant la nuit les corps dans la rivière. Cet horrible abus avait dégénéré en une sorte d'usage qui avait ses règles particulières. On enfermait ces malheureux dans un sac lié par le haut; de là vient l'expression proverbiale de *gens de sac et de corde.* Le lieu même du supplice était marqué pour ces expéditions clandestines ; c'était sous le Pont-au-Change, devant la tour de Billy, qui fut démolie dans le cours de la révolution.

A l'entrée d'Isabeau de Bavière, femme de Charles VI, un Génois fit tendre une corde depuis le haut des tours de Notre-Dame jusqu'à une des maisons de ce pont : il descendit en dansant sur cette corde avec un flambeau allumé à chaque main; passa entre les rideaux de taffetas blanc à grandes fleurs-de-lys d'or qui couvraient ce pont : il posa une couronne sur la tête d'Isabeau de Bavière, remonta sur sa corde et reparut en l'air. La chronique ajoute que, comme il était déja nuit, cet homme fut vu, non-seulement de tout Paris, mais encore des environs.

MARCHÉ SAINT-JEAN.

Le temps opère de grandes métamorphoses. L'endroit où l'on enterrait autrefois les morts de la paroisse Saint-Jean, a été converti en un marché pour la subsistance des vivans.

Les biens de Pierre de Craon, seigneur de Sablé et de la Ferté-Bernard, chambellan et favori du duc d'Orléans frère de Charles VI, furent confisqués, et son hôtel démoli, pour avoir assassiné dans la nuit du 13 au 14 juin 1391, le connétable de Clisson.

L'emplacement de l'hôtel fut donné pour servir de cimetière à la paroisse de Saint-Jean; ce cimetière par la suite fut converti en marché.

FAUBOURG SAINT-MARCEL.

On n'imaginerait jamais que ce faubourg tient à la ville de Paris. La misère affreuse qui y règne, la malpropreté de ses habitans, les mœurs grossières de cette espèce de peuple, sont le contraste de l'abondance, de la propreté, et des mœurs polies des autres quartiers de la capitale.

Quand on traverse ce faubourg, en sortant du centre de la ville, on éprouve un sentiment douloureux et pénible ; on gémit en voyant tout ce que la misère a de plus révoltant, à côté du luxe le plus effréné et le plus scandaleux ; c'est un champ vaste pour pousser loin ses réflexions, et maudire les sublimes lois de la propriété, qui a déshérité les trois quarts de la population pour enrichir un quart d'individus dont la seule occupation est de se livrer aux plaisirs et aux jouissances que procurent les richesses.

RUE DU PETIT-BOURBON-SAINT-SULPICE

Faubourg Saint-Germain.

La furieuse duchesse de Montpensier, sœur des Guises tués à Blois, avait un hôtel dans cette rue. L'histoire de Paris rapporte que cette méchante femme se prostitua à Bourgoing, prieur des Jacobins, et concerta avec ce scélérat les moyens d'approcher de la personne de Henri III, et de le faire assassiner ; il est certain qu'elle logea chez elle pendant quelques jours la mère de Jacques Clément.

RUE D'ANJOU-SAINT-HONORÉ.

On distingue dans cette rue plusieurs beaux hôtels, et la chapelle expiatoire. Après la trop fameuse journée du 10 août 1792, le gouvernement de cette époque choisit le cimetière de la Madeleine pour recevoir les dépouilles mortelles des victimes de la révolution. Les corps de Louis XVI et de Marie-Antoinnette y furent déposés dans une fosse, et brûlés avec de la chaux.

C'est dans la rue d'Anjou que demeurait le général Lafayette, mort au mois de mai 1834.

Louis XVIII, après sa rentrée en France, ordonna l'érection d'une chapelle pour conserver le souvenir du séjour que les cendres royales avaient fait dans ce lieu. On rassembla des ossemens trouvés dans le cimetière de la Madeleine, qu'on présuma être ceux du roi et de la reine, et ils furent réunis dans le même caveau.

La principale entrée de ce monument funèbre est d'une forme antique, et sa construction ne fait pas l'éloge de l'architecte Fontaine, qui ne s'est point signalé par une œuvre digne de l'admiration de ses contemporains.

RUE DU FOIN-SAINT-JACQUES.

Cette rue, étroite, et fangeuse, est très passagère. On y remarque le collège de Maître Gervais, qui sert aujourd'hui de caserne à l'infanterie.

Le palais de la reine Blanche, dont il existe encore une partie, fait l'encoignure de la rue Boutebrie.

Cette rue étant fort étroite, un jeune homme, pour s'introduire dans la chambre de sa maîtresse à l'insu de ses parens, posait tous les soirs une planche de la largeur de la rue dont le bout était assis sur la fenêtre de la demoiselle. Il franchissait l'espace de la rue à quarante pieds de hauteur. On lui demanda s'il avait eu peur : — « Non, mais en revenant. »

Bas-relief historique des Augustins.

PLACE DE FONTENOI.

Ce nom lui fut donné en mémoire de la bataille de *Fontenoi*, gagnée par les Français sur les alliés, le 8 mai 1745, sous les ordres du maréchal de Saxe, et en présence de de Louis XV, qui n'était pas homme, comme son aïeul Henri IV, à se jeter dans la mêlée.

Avant d'en venir aux mains, les officiers français invitèrent civilement les Anglais à tirer les premiers; il faut avouer que ce procédé était un peu trop poli.

Voltaire a fait un poème sur cette bataille, qui n'est pas le meilleur de ses ouvrages, il y a fait entrer beaucoup de noms propres, de nobles, de gentilshommes, dont plusieurs étaient cachés derrière les bagages de l'armée.

RUE DE LA TOURNELLE.

Dans cette rue, près du quai Saint-Bernard, était l'ancien couvent des Bernardins, premier collège qui fut fondé à Paris.

Le 3 septembre 1792, une bande de tueurs se transporta dans cette maison, où étaient 73 condamnés aux fers, qui devaient partir le lendemain pour les galères; ils furent tous massacrés à l'exception de trois, qui durent leur vie et leur liberté à plusieurs de leurs amis qu'ils reconnurent parmi les assassins.

TÉLÉGRAPHE.

Cet instrument, connu des anciens, a été perfectionné par M. Chappe. Il fut proposé à l'assemblée législative en

1792, et adopté par la convention nationale le 27 juillet 1793.

Le premier télégraphe a été placé à Paris, au-dessus du pavillon du palais des Tuileries. Le premier consul Bonaparte le fit transporter au-dessus du Louvre ; ensuite, place de la Concorde, au-dessus de l'une des façades de l'hôtel de la Marine.

Un autre télégraphe a été établi sur l'une des tours de l'église Saint-Sulpice.

Ces instrumens servent à entretenir une correspondance rapide entre Paris et les diverses parties les plus éloignées de la France, au moyen d'autres instrumens semblables, placés sur des éminences, à une assez grande distance les uns des autres, qui répètent les signaux des points correspondans. Les personnes qui dirigent les télégraphes intermédiaires, ignorent absolument ce qu'elles transmettent.

La clé des signaux, semblable à celle des chiffres diplomatiques, n'est connue que du gouvernement. Une instruction avec la réponse, peut aller et revenir en 88 secondes.

SAINTE-PÉLAGIE.

Cette maison, jadis monastère, fondée en 1665 par une dame de Beauharnais de Miramion, et destinée à renfermer les filles et les femmes débauchées, a été convertie en prison. Elle reçoit les condamnés pour dettes et pour contravention à la loi de la presse et autres délits politiques, quelques prévenus de vols, et les individus auxquels la loi a infligé une courte détention.

Le nombre des débiteurs est assez nombreux ; mais si l'on conduisait tous ceux qui sont dans le même cas, il faudrait encore cinquante maisons aussi grandes que celle de Sainte-Pélagie, car il y a dans Paris plus de 30,000 personnes contre lesquelles on pourrait exécuter des contraintes par corps.

La loi, qui ne permet au créancier de retenir en prison son débiteur que l'espace de cinq années, après quoi on ne peut exercer aucune poursuite, détermine les détenus à la patience et à prendre leur parti, ce qu'a fait religieusement M. Ouvrard, millionnaire, cloîtré dans cette prison par M. Seguin, autre millionnaire, son créancier de quelques millions. A qui peut attendre, tout vient à bien.

RUE DES FRANCS-BOURGEOIS,
Au Marais.

En 1350, Jean Roussel et Alix sa femme firent bâtir dans cette rue, qu'on appelait alors la rue des *Vieilles-Poulies*, vingt-quatre chambres pour y retirer des pauvres. Leurs héritiers, en 1415, donnèrent ces chambres au grand-prieur de France avec 70 livres parisis de rente, à condition d'y loger deux pauvres dans chacune, moyennant 13 deniers en y entrant et 1 denier par semaine. On appela ces chambres *la Maison des Francs-Bourgeois*, parce que ceux qu'on y recevait étaient francs de toutes taxes et impositions, attendu leur pauvreté. Voilà l'origine du nom de cette rue.

Il y demeurait, en 1596, deux gueux qui, dans leur oisiveté, s'étaient si bien exercés à contrefaire le son des cors de chasse et la voix des chiens, qu'à trente pas on croyait entendre une meute et des piqueurs. On devait y être encore plus trompé, dans des lieux où les rochers recevaient et multipliaient les moindres cris. Il y a apparence qu'on s'était servi de ces deux hommes pour une aventure qui fut regardée comme l'apparition véritable d'un fantôme. Si Henri IV avait eu la curiosité d'avancer, on lui aurait sans doute lancé un dard, et l'on aurait dit ensuite que, n'étant pas dans le cœur bon catholique, c'était le diable qui l'avait tué. Voici ce que rapportent la plupart des historiens contemporains.

« Le roi, chassant dans la forêt de Fontainebleau, entendit, comme à une demi-lieue de l'endroit où il était, des jappemens de chiens, le cri et le cor des chasseurs, et, en un moment, tout ce bruit qui semblait éloigné, se fit entendre à vingt pas de son oreille. Il commanda à M. le comte de Soissons de brousser et pousser en avant pour voir ce que c'était, ne présumant pas qu'il pût y avoir des gens assez hardis pour se mêler parmi sa chasse et lui en troubler le passe-temps. Le comte de Soissons s'avançant, entendit le bruit sans savoir d'où il venait; un grand homme noir se présenta dans l'épaisseur des broussailles, et cria d'une voix terrible : *M'entendez-vous ?* et soudain disparut. A cette parole, les plus hardis estimèrent imprudence de s'arrêter en cette chasse en laquelle ils ne prirent que de la peur ; et bien qu'ordinairement elle noue la langue et glace la parole, ils ne laissèrent pourtant pas de raconter cette aventure que plusieurs auraient renvoyée aux fables de Merlin, si la vérité, affirmée par tant de bouches et éclairée par tant d'yeux, n'eût ôté tout sujet d'en douter. Les pasteurs des environs disent que c'est un esprit qu'ils appellent le grand-veneur ; les autres prétendent que c'est la chasse de Saint-Hubert qu'on entend aussi en d'autres lieux. »

RUE DES MARMOUSETS.

Cette rue, fort étroite et très sale, a pris son nom d'une maison nommée le lieu des Marmousets.

Anciennement, plusieurs pâtissiers et traiteurs y avaient la vogue. Tout Paris y venait pour acheter des pâtés qui étaient aussi renommés que ceux du pâtissier Le Sage ou de son successeur, rue de la Harpe, qui aujourd'hui a la vogue, on ne sait pourquoi ; car ses pâtés ne sont pas meilleurs que ceux de ses confrères.

Les pâtés, rue des Marmousets, étaient, dit-on, composés avec de la chair humaine.

Le pâtissier qui les fabriquait de la sorte, était voisin d'un barbier, qui, lorsqu'il se présentait chez lui quelqu'un de replet pour se faire faire la barbe, lui coupait la gorge, le jetait dans une cave par le moyen d'une trappe faite en bascule. Sa cave communiquait à celle du pâtissier.

Ce crime horrible fut découvert par un chien qui avait accompagné son maître chez le barbier. Ce chien ne voulut pas quitter la porte du barbier.

C'est au coin de cette rue que demeurait la famille Regnaud, marchand de papier, dont le père, le fils, l'une des filles et une tante religieuse, âgée de soixante ans, périrent sur l'échafaud, en l'an II de la république, accusés d'avoir conspiré contre Robespierre, parce que la fille aînée dit un jour que Robespierre était un tyran...

RUE DE LA VERRERIE.

Cette rue, qui commence Marché-Saint-Jean et rue Bourtibourg, finit rue Saint-Martin et des Arcis. Elle tient son nom de Guy le *verrier* ou le *vitrier*, qui, en 1185, possédait un terrain dans cette rue.

Un peintre qui demeurait dans cette rue, nommé Jaquemin Gringonneur, fut l'inventeur du jeu de cartes. On lit dans un compte de Charles Poupart, surintendant des finances, argentier de Charles VI, « donné cinquante-six sous parisis à Jacquemin Gringonneur, peintre, trois jeux de cartes à or et à devises, pour porter devers ledit seigneur roi, pour son ébattement (1) ».

BARRIÈRE FRANKLIN.

Cette barrière, quartier des Champs-Élysées, porte le nom du célèbre philosophe Benjamin Franklin, l'un de ceux qui contribuèrent le plus à l'indépendance des Américains. Né à Boston en 1706, il mourut à Philadelphie en 1790; jamais sa présence d'esprit ne l'a abandonné d'un seul moment. On fit ses obsèques avec une pompe extraordinaire. Un concours immense de peuple accompagna son cercueil, et le convoi occupait, en défilant, l'espace d'un demi-mille d'Angleterre. C'est un sage que deux mondes réclament; c'est un savant que se disputent l'histoire des sciences et l'histoire des empires.

Le nom de Franklin fut donné à cette barrière, parce que ce grand homme, qui arriva à Paris en 1776, et qui ne quitta cette capitale qu'en 1785, logeait à une très petite distance de cette barrière.

Après la paix de 1783, parlant de la corruption du parlement d'Angleterre, Franklin disait : « si les Etats-Unis

(1) Pendant les intervalles de sa funeste maladie.

eussent voulu lui donner, avant la guerre, le quart de ce qu'elle leur coûte, il se serait tenu assuré d'acheter à ce prix l'indépendance des Anglais eux-mêmes. »

Au bas de son portrait placé au-devant de ses lettres sur l'Electricité, on lit les quatre vers suivans :

> Il a ravi le feu des cieux ;
> Il fait fleurir les arts en des climats sauvages :
> L'Amérique le place à la tête des sages ;
> La Grèce l'aurait mis au nombre de ses dieux.

ÉGLISE SAINT-JACQUES-LA-BOUCHERIE.

Un marché a été reconstruit depuis plusieurs années sur l'emplacement de cette église détruite au commencement de la révolution. C'était une des plus anciennes paroisses de la capitale ; elle renfermait les cendres du fameux alchimiste, Nicolas Flamel, natif de Pontoise. On y lisait l'épitaphe que voici :

> De terre suis venu,
> Et de terre retourne.

La grosse tour de l'église, bâtie sous François Ier, avait été vendue à un particulier qui trouva son avantage à la laisser subsister. Mercier prétend que c'est à lui qu'on en doit la conservation. Le propriétaire l'avait louée à un Anglais qui passait dans le voisinage pour un sectateur de Nicolas Flamel, parce qu'il avait établi dans cette tour une fonderie, où il ne permettait à personne d'entrer.

RUE SAINTE-CROIX-DE-LA-BRETONNERIE.

Ainsi nommée, parce qu'elle avait été ouverte sur le territoire dit le *Champ-aux-Bretons*, ou la *Bretonnerie*, nom qu'il tenait vraisemblablement de la famille *Breton*.

Sous le règne de Saint-Louis, il n'y avait encore dans ce quartier que quelques maisons éparses et éloignées les unes des autres. Renaud de Bréhan, vicomte de Podoure et de l'Isle, occupait une de ces maisons. Il avait épousé, en 1225, la fille de Léolyn, prince de Galles, et était venu à Paris pour quelque négociation secrète contre l'Angleterre.

La nuit du vendredi au samedi-saint 1228, cinq Anglais entrèrent dans *son vergier*, le défièrent et l'insultèrent. Il n'avait avec lui qu'un chapelain et un domestique; ils le secondèrent si bien, que trois de ces Anglais furent tués; les deux autres s'enfuirent; le chapelain mourut le lendemain de ses blessures.

Bréhan, avant que de partir de Paris, acheta cette maison et le *vergier*, et les donna à son brave et fidèle domestique appelé *Galleran*.

RUE BÉTIZY.

Ainsi nommée de Jacques Bétizy, avocat au parlement.

C'est dans la deuxième maison à gauche, en entrant par la rue de la Monnaie, que l'amiral de Coligny fut assassiné la nuit de la Saint-Barthélemy 1572.

Le massacre ne devait commencer qu'une heure avant le jour, aux premiers coups du tocsin de l'horloge du Palais. Catherine de Médicis, vers minuit, croyant remarquer dans le roi des remords et de l'irrésolution, et craignant qu'il ne vînt à changer de sentiment, fit avancer le signal et sonner à Saint-Germain-l'Auxerrois.

Cette épouvantable boucherie dura plus de trois jours, et coûta la vie à près de 30,000 habitans de Paris.

Charles IX avait envoyé des ordres dans toutes les provinces pour exterminer les Huguenots; tandis que la plupart des gouverneurs étaient assez féroces pour les exterminer, tandis que ces mêmes gouverneurs étaient assez barbares et assez lâches pour obéir, le vicomte d'Orthez, qui commandait à Bayonne, lui écrivit : « Sire, j'ai communiqué la lettre de votre majesté à la garnison et aux habitans de cette ville; je n'y ai trouvé que de braves soldats, de bons citoyens, et pas un bourreau. »

PLACE GASTINE.

Cette place a pris son nom de Philippe de Gastine, calviniste et riche négociant, qui tenait chez lui des assemblées de calvinistes. Il fut pendu par arrêt de la cour, du 30 juillet 1571; sa maison fut démolie et ses biens confisqués. Il fut ordonné qu'on prendrait une somme pour être employée à faire, à perpétuité, le service du Saint-Sacrement de Sainte-Opportune, qui était de la paroisse de Gastine. Depuis ce temps-là, on faisait régulièrement ce service le jeudi de chaque semaine.

C'était alors le bon vieux temps, où l'on pendait, étranglait ou rouait ceux qui n'avaient pas le bon esprit de penser comme les prêtres catholiques, et de se conformer aux rites de la religion.

RUE DE VARENNES.

Le 13 mars 1790, à la suite du duel qui avait eu lieu la veille entre M. de Castries, colonel mestre-de-camp de cavalerie, et M. Charles de Lameth, pour raison d'opinions politiques, et où M. de Lameth fut blessé, une foule de peuple se porta rue de Varennes, à l'hôtel de Castries, brisa et jeta par les fenêtres le riche moblier; en moins d'une heure, il ne resta dans les appartemens que les quatre murs.

L'assemblée constituante s'occupait en cet instant de la formation du tribunal de cassation. La comparaison fut saisie sur-le-champ, et l'on dit que le *tribunal de* CASSATION *tenait sa première séance* à l'hôtel de Castries.

La rue de Varennes, qui commence rue du Bac, et finit boulevard des Invalides, renferme de beaux hôtels, avec jardins vastes et spacieux, entre autres celui du ministère du commerce et des travaux publics.

PALAIS-DE-JUSTICE.

Ce palais, qui date de la monarchie, fut, jusqu'à Philippe-le-Bel, la demeure de nos rois. La principale salle fut consumée par les flammes en 1618, et reconstruite de nouveau. Un autre incendie en 1776, détruisit toute la partie du palais qui s'étendait jusqu'à la Sainte-Chapelle. Louis XVI fit tout réparer en 1787. Plusieurs embellissemens ont eu lieu depuis la mort de ce prince.

Le fameux tribunal révolutionnaire a siégé pendant dix-huit mois dans la grand'chambre qu'occupait le parlement. C'est dans cette chambre que pendant dix-huit mois la foudre de la mort s'élançait indistinctement sur les innocens et ceux qui avaient le malheur de ne pas partager l'opinion de leurs bourreaux.

En 1794, le conventionnel Danton comparut devant ce tribunal de sang qui lui devait sa création. Interrogé sur son nom et sa demeure, il répondit avec fermeté : « Ma demeure sera bientôt dans le néant; vous trouverez mon nom dans le Panthéon de l'histoire. » M. Hérault de Séchelles, ci-devant président au Parlement, répondit à la même question : « Je m'appelle Marie-Jean, noms peu saillans même parmi les saints; je siégeais dans cette salle, où j'étais détesté des parlementaires. »

C'est sur la place du Palais-de-Justice que l'on expose les condamnés aux fers ou à la détention, nous en avons vu jusqu'à vingt à la fois; il en est peu qui annoncent le repentir : plusieurs même affectent de la gaîté, insultent le public; des filles, de dix-sept à dix-huit ans, condamnées, ne rougissent pas de tenir les propos les plus indécens; ce qui prouve jusqu'à quel point la corruption du cœur peut porter un sexe qu'on voudrait chérir pour ses vertus.

OBSERVATOIRE.

Cet édifice, situé rue du Faubourg-Saint-Jacques, n°26, et rue Cassini, n° 1, à l'extrémité de la grande avenue du Luxembourg, est destiné aux observations astronomiques. Il a été construit de 1667 à 1672, par ordre de Colbert, sous la conduite de Perrault, à qui l'on doit la belle colonnade du Louvre.

Une pièce de cet édifice est nommée la *salle des secrets*, parce qu'en appliquant la bouche à la rainure d'un pilasure, et parlant tout bas, la personne placée au pilastre opposé, entend ce qu'on dit, tandis que les personnes qui sont au milieu n'entendent rien.

On descend dans les caves par un escalier à vis de 360 marches, laissant à la place du noyau un vide qui correspond depuis le fond des souterrains jusqu'à la dernière voûte qui couvre cet édifice. Ces souterrains servent à plusieurs expériences météorologiques, et forment une espèce de labyrinthe où il serait très dangereux de pénétrer sans guide.

On voit à cet Observatoire un télescope de vingt-deux pieds de longueur.

ÉCLAIRAGE DES RUES DE PARIS.

Avant M. Lenoir, ancien lieutenant de police de la capitale, on faisait à l'entrepreneur de l'éclairage des rues quelques retenues pour les momens d'interruption où la lune devait éclairer suffisamment; ce qui n'arrivait pas toujours dans les nuits sombres et brumeuses. C'est à cette occasion qu'un personnage de comédie disait assez plaisamment : « La lune comptait sur les réverbères, les réverbères comptaient sur la lune; il n'y a ni réverbères ni lune; et ce qu'il y a de plus clair, c'est qu'on n'y voit goutte. » Ces retenues formaient un fonds de gratifications ou de traitemens, qu'on appelait *les pensions sur le clair de lune*. M. Lenoir supprima ces ridicules économies, et la ville y gagna d'être éclairée en tout temps.

JACOBINS DE LA RUE SAINT-JACQUES.

Ce couvent qui n'existe plus, datait de 1217; il occupait un terrain immense. Depuis 1792, il a été utilisé pendant plusieurs années d'une manière un peu profane; des fêtes publiques, des bals, des bastringues, etc., s'étaient établis dans le jardin. L'église et une partie des bâtimens ont disparu, et ont été remplacés par des boutiques.

Un jeune jacobin fut mis en pénitence au haut de son église. Il était renfermé dans une petite chambre qui était de niveau à la gouttière, et dans laquelle le jour n'entrait que par une lucarne, de sorte que le bon père ne pouvait voir, par là, que les chats et les chattes qui venaient sur les toits tenir leurs joyeuses assemblées.

Comme un prisonnier, pour charmer son ennui, se fait un amusement de tout, le moine s'attachait à regarder ces rominagrobis mâles et femelles, faute de pouvoir mieux employer son temps. Ayant demeuré assez long-temps dans sa prison, il eut tout le loisir de les examiner. A force d'entendre leurs divers cris, il en acquit l'intelligence. Leurs miaulemens, avec leurs variations, lui parurent une langue; et là-dessus il lui vint une folle envie qu'il voulut satisfaire, c'est-à-dire de composer un dictionnaire des chats (1). Il se fit donner du papier et de l'encre; et dans l'oisiveté de sa prison, il entreprit cet ouvrage burlesque. Pour en venir à bout, voici comme il dit s'y être pris. Attentif aux mouvemens des chats, il confrontait leurs cris avec leurs actions; il orthographiait le mieux qu'il pouvait les sons qui frappaient son oreille; et peu à peu il apprit à contrefaire si bien les chats, qu'il entendait leur

(1) Un des plus anciens libraires de la capitale nous assure avoir vu dans sa jeunesse un exemplaire de ce dictionnaire, qui lui parut très curieux.

langage, ce qui nous paraît avoir un grand avantage sur notre langue, en ce qu'il n'est point sujet à changer comme elle. Les matoux ne cherchent point le ton de la bonne compagnie, et miaulent aujourd'hui de la même façon qu'ils miaulaient du temps de Jean-de-Vert.

Edmont Bourgoin, prieur du couvent des Jacobins, dont Jacques-Clément était religieux, osa, dans ses sermons, faire l'apologie de ce moine, assassin de Henri III, en 1589, dans le château de Saint-Cloud. Bourgoin ne se bornait pas à échauffer les esprits, mais prenait les armes, et combattait avec les ligueurs ; il fut fait prisonnier à la tête des habitans des faubourgs de Paris, et conduit à Tours. Le Parlement le condamna à être écartelé.

ÉGLISE SAINTE-GENEVIÈVE,

Ci-devant Abbaye-Royale.

Clovis, premier roi chrétien, sollicité par la reine Clotilde son épouse, et par sainte Geneviève, fonda sur le mont *Locutitius*, après la bataille de Tolbiac, une église qui fut sacrée par saint Rémi, en l'honneur des apôtres saint Pierre et saint Paul, vers la fin de l'an 507.

Sainte Geneviève, décédée le 3 janvier 512, fut inhumée dans la chapelle souterraine de cette église, que les Normands détruirent dans leurs incursions. Elle fut reconstruite sur les mêmes fondemens au neuvième siècle, et c'est probablement vers ce temps-là qu'on y a établi des chanoines séculiers.

Louis VII, dit *le Jeune*, à l'occasion d'une insurrection

qu'il y eut dans la maison, leur substitua des chanoines réguliers.

On voyait autrefois dans cette église le tombeau de Clovis, qui, six cents ans après sa mort, avait été rétabli par M. de La Rochefoucauld, abbé de Sainte-Geneviève.

Ce même tombeau fut porté au Muséum des monumens français.

Tout le monde a connu la châsse de sainte Geneviève. On la découvrait pour des cas extraordinaires, comme maladie du roi, ou pour faire cesser la pluie, et dans des temps de sécheresse, pour avoir de l'eau, etc.

Vers la fin du mois de mai de l'an 1603, une longue sécheresse détermina les Parisiens à faire descendre la châsse de sainte Geneviève pour avoir de la pluie ; on choisit fort à propos la veille du jour où la lune, changeant de quartier, devait produire un changement dans la température, afin que le miracle s'opérât plus sûrement. Cependant, ni la châsse de la patrone de Paris, ni la lune ne furent propices aux vœux des Parisiens ; la pluie si desirée n'arriva point, le temps demeura sec et sans apparence d'eau. Dans le même temps, les chanoines de Sainte-Geneviève, pour suppléer à ce miracle, tâchèrent d'en opérer un autre.

« On suborna, dit l'historien l'Etoile, un pauvre diable, condamné aux galères, lequel étant enchaîné comme les autres, on lui ôta les fers des pieds, à la charge qu'il dirait partout (comme il fit), qu'en invoquant madame sainte Geneviève, ils lui étaient tombés des pieds ; mais la fourberie découverte par sa propre confession, tourna en risée de ce qu'on voulait faire un miracle d'une chose qui est toute ordinaire et naturelle, et à laquelle Madame sainte Geneviève n'avait pas pensé. »

Cette châsse de sainte Geneviève était enrichie de diamans et de pierres précieuses. Tous les jours, du matin au soir, de bonnes gens venaient invoquer sainte Geneviève; ils payaient un petit cierge de deux ou quatre sous qu'ils faisaient brûler contre la grille de la chapelle où était la châsse.

Des profanes, en 1793, ont brûlé la châsse de sainte Geneviève sur la place de Grève. Ils eurent l'attention de mettre de côté les diamans avec lesquels on pouvait acheter des biens nationaux pour plusieurs millions.

En 1804, un prédicateur, à Saint-Etienne-du-Mont, voulut persuader que cette châsse avait été soustraite des mains des profanes, et que bientôt on la reverrait. Effectivement, le clergé de Saint-Etienne-du-Mont retrouva cette châsse et les reliques de sainte Geneviève, qu'il fit renfermer dans une espèce de tombeau, où journellement les dévots et les dévotes vont faire brûler de petits cierges et toucher du linge, mais toujours en payant, car le clergé ne fait point de crédit, et vend les graces d'en haut en bonne monnaie sonnante, pour la plus grande gloire de Dieu, de la Vierge et de sainte Geneviève.

PANTHÉON.

La vieille église de Sainte-Geneviève étant insuffisante au grand nombre des fidèles qui venaient y prier et solliciter des miracles, on imagina de la faire réédifier. En conséquence on s'adressa à M. de Marigny, surintendant

Jacques de Molai.

des bâtimens, et on parvint à lui persuader qu'une pareille construction illustrerait son nom. M. de Marigny adopta le projet auquel le gouvernement voulut bien consentir.

De tous les édifices modernes, celui-ci est certainement un des plus magnifiques. Il fut commencé en 1757, sur les dessins et sous la conduite de J.-G. Soufflot, et ce ne fut que le 6 septembre 1764, après les premiers travaux préparatoires, que Louis XV vint solennellement poser la première pierre de l'édifice.

Après la mort de Mirabeau, l'assemblée constituante, par son décret du 4 avril 1791, changea la destination de cet édifice, et le consacra à la sépulture des Français illustrés par leurs talens, leurs vertus et leurs services rendus à la patrie. Tous les signes qui caractérisaient une basilique de chrétiens, furent remplacés par les symboles de la liberté et de la morale publique. Sa façade et son intérieur éprouvèrent plusieurs changemens. La frise porta cette belle inscription, en grands caractères de bronze, composée par M. Pastoret :

AUX GRANDS HOMMES LA PATRIE RECONNAISSANTE.

En conséquence, on décerna les honneurs du Panthéon à Mirabeau, mort le 2 avril 1791. Voltaire, le 11 juillet, et J.-J. Rousseau le 16 octobre suivant, obtinrent les mêmes honneurs. Le corps de Marat y fut transféré le 21 septembre 1793, et le 27 juillet 1794, jeté dans l'égout Montmartre.

Le 20 février 1806, un décret impérial ordonna que

l'édifice du Panthéon serait terminé, rendu au culte, et qu'il porterait son premier nom de Sainte-Geneviève, mais lui conserva néanmoins la destination que lui avait donnée l'assemblée constituante.

A la restauration, qui n'a rien restauré, l'inscription et les allégories disparurent. Louis XVIII, quoique roi peu chrétien, fit effacer les symboles de la liberté et de la morale publique; on plaça dans le milieu du fronton le signe de la Rédemption, dont les rayons, divergens en tous sens, vont se perdre dans des nuages figurés tout autour de ce même fronton. La frise porta alors cette inscription :

D. O. M. SUB. INVOCAT. S. GENOVEFÆ. LUD. XV CONSECRAVIT. LUD. XVIII RESTITUIT.

Des missionnaires se consacrèrent au culte de cette basilique, et pour attirer les fidèles trouvèrent les moyens de se procurer des reliques de sainte Geneviève par le canal du curé de Saint-Etienne-du-Mont qui n'en avait aucune, et qui en avait fabriqué plusieurs pour son église.

En 1830, nouvelle métamorphose, et nouveaux changemens : l'inscription latine disparut : on y substitua l'inscription française :

AUX GRANDS HOMMES LA PATRIE RECONNAISSANTE.

De nouveaux travaux ont actuellement lieu au Panthéon, qui sera rendu à sa première destination.

RUE ET COUR DAMIETTE.

La rue percée en 1798, porte le nom de *Damiette*, grande ville d'Egypte, parce qu'à cette époque les Français firent la conquête de ce pays, sous le général en chef Bonaparte. Elle commence rue des Forges et cour des Miracles, et finit rue d'Aboukir et place du Caire.

Les templiers, dont l'ordre n'a jamais cessé d'exister, ayant obtenu de l'administration la permission de rendre leur culte public, inaugurèrent leur église le 20 janvier 1832 dans une salle de la cour Damiette, salle peu spacieuse, dont les murs étaient sales et humides. Ce local, qui a pris le titre magnifique de Grand-Couvent métropolitain, était orné d'une galerie circulaire; l'intérieur bien éclairé était pavoisé de drapeaux tricolores. L'autel, appuyé sur trois pieds, et d'une extrême simplicité, était dressé au milieu de l'enceinte; on y voyait un pupitre, plusieurs vases de forme antique et une branche de laurier. Autour de l'enceinte étaient des bancs réservés aux chevaliers, et dans le fond, le fauteuil du grand-maître. Aux pilastres, on remarquait le buste de Jacques Molay et des armures rouillées.

A six heures et demie du soir du même jour, l'orchestre, placé dans un bout de la galerie, se fit entendre, et joua une marche guerrière, annonçant la venue du cortège. M. Bésuchet, grand-prieur de l'ordre, précédé de trois lévites, et suivi d'une douzaine de chevaliers, monta sur l'estrade. Les chevaliers portaient le costume qu'on a vu à la comédie française dans la tragédie des *Templiers*; ils étaient vêtus d'une tunique blanche ; une croix rouge était brodée sur leur poitrine ; ils portaient un long manteau blanc, où brillait, sur l'épaule gauche, une seconde croix rouge ; leur tête était couverte d'une toque blanche, sur laquelle flottaient une plume blanche et une plume rouge, et ils tenaient à la main une longue et luisante épée.

Les chevaliers commencèrent à brandir leurs épées ; puis le grand-prieur annonça que l'ordre du Temple prenait possession du local pour y célébrer le culte de l'église primitive ; il déclara que leur ordre avait un but religieux, et non politique, et qu'ils rendraient à César ce qui appartient à César ; il dit qu'il prierait Dieu pour Louis-Philippe et pour les représentans de la nation ; enfin il a remercié l'administration, qui, en permettant à l'ordre du Temple d'ouvrir au public le lieu consacré à sa religion, a rendu un éclatant hommage à la liberté des cultes. Un lévite s'approcha de l'autel, jeta du sel dans de l'eau, dans laquelle il trempa la branche de laurier, et répandit de l'encens dans un vase en forme de trépied.

Alors le grand-maître, M. Bernard Raymond, fut solennellement introduit. Il portait un costume semblable à celui des chevaliers, mais plus riche et plus chargé de broderies. Il prononça un discours dans lequel il fit connaître, non les règles et le caractère de leurs croyances et de leurs pratiques religieuses, mais les intentions philantropiques dont ils étaient animés. Ensuite, les lévites apportèrent sur l'autel une croix, un pain et du vin, puis la messe commença. Cette cérémonie est la *cène* ou la messe, telle qu'elle a été consacrée dès l'origine par l'Eglise.

La messe a été célébrée en français. Les paroles, les

cérémonies offrent peu de différences bien notables avec celles de l'église catholique, apostolique et romaine. Il y a un enfant de chœur pour servir la messe; au lieu de répondre : « *et cum spiritu tuo* », il répond : « *Gloire à Dieu!* ». Les chevaliers répètent aussi : « *Gloire à Dieu!* » en tirant leurs épées. L'orchestre chanta le *Kyrie eleïson*.

Après l'évangile, le chevalier Barginet de Grenoble, connu dans la littérature par plusieurs romans, monte en chaire, ou, si l'on veut, à la tribune. Il tenait à la main un énorme manuscrit. Dans son prône, plusieurs fois interrompu par le verre d'eau sucrée, il traça l'historique de l'ordre du Temple depuis sa fondation jusqu'à nos jours. Ce prône, mal débité, ne produisit aucun effet.

Ensuite une quête au profit des pauvres fut faite par de jolies templières, parées d'un fichu sur lequel était brodée une croix rouge. Durant la quête, on se livra à une causerie générale, comme on fait à la cour d'Assises, quand les magistrats délibèrent, ou dans un entr'acte au théâtre.

Enfin, on reprit la cérémonie. A la consécration, le lévite rompit le pain en fragmens. Il répandit quelques gouttes de vin, et tous les chevaliers vinrent communier; ils mangèrent chacun un fragment de pain en faisant le tour de l'autel. Le lévite communia sous les deux espèces; la messe fut continuée; le lévite donna sa bénédiction, et les chevaliers retournèrent dans la sacristie, en tenant l'épée levée, de même qu'au commencement de la cérémonie.

Ainsi se passa la première séance de la société des Templiers. Les spectateurs n'y ressentirent aucune impression religieuse, et il était facile de lire sur toutes les physionomies que tout le monde était là comme au spectacle, et que la curiosité seule y avait attiré les oisifs et les gobe-mouches.

Au sujet de cette inauguration, un écrivain de cette époque s'exprime ainsi :

« Nous avons depuis quelque temps diverses innovations religieuses, et l'ordre du Temple est une nouvelle concurrence. Cette société n'a pas encore fait connaître ses dogmes ; seulement la notice qu'elle a publiée et fait distribuer avant la cérémonie, dit que « dans ses séances successives, on exposera les principes de vérité qui constituent la sainte religion du Christ, en même temps que l'on pratiquera dans tous ses développemens, la lithurgie sacramentelle établie dans le premier siècle de la chrétienté. »

Le temps présent n'est pas favorable aux innovations en matière de culte, et plus il s'établira de nouvelles religions, et moins le peuple deviendra religieux. Des changemens continuels dans la manière d'adorer un Dieu, un Etre-Suprême, le disposeront à croire que toutes ces innovations ne sont que des pasquinades, et lui feront repousser avec mépris les terreurs religieuses qui jadis dominaient sa pensée, et mettaient un frein à ses passions.

VENTES PAR AUTORITÉ DE JUSTICE.

Elles se faisaient autrefois au bas du pont Saint-Michel, du côté de la rue de la Barillerie ; c'était sur cette place que tous les matins on voyait le tableau de la misère publique.

Ces ventes se font actuellement sur le terrain du Châtelet, près de la fontaine du Palmier, au bout du pont Notre-Dame; là, on voit tous les jours les marchands fripiers se disputer le dernier matelas et la dernière chemise du malheureux.

Les huissiers, après avoir adjugé à vil prix les dernières dépouilles des prolétaires, entrent au restaurant du *Veau qui tette*, où ils commencent à dépenser en huîtres et en bonne chère les vacations qui leur sont allouées pour le prix de leurs exploits en plein vent.

RUE D'ANGOULÊME-SAINT-HONORÉ.

Cette rue qui commence à l'avenue de Neuilly, et finit rue du faubourg du Roule, percée vers l'année 1780, doit son nom à Louis-Antoine-d'Artois, duc d'Angoulême, l'un des fils de Charles X, ex-roi de France.

Ce prince fut nommé généralissime des troupes françaises qui, en 1823 allèrent rétablir Ferdinand VII, roi d'Espagne, sur son trône, et avec lui le despotisme et l'inquisition. Le duc d'Angoulême, très dévot et grand amateur de messes, n'en laissait pas chômer ses soldats, qui étaient aussi astreints à se confesser et à communier pour la plus grande gloire de Dieu, et la satisfaction du parti prêtre et des vieilles douairières du faubourg Saint-Germain.

Après la prise du fort du Trocadéro, emporté par l'armée française, en sa présence, il fut salué du nom de héros du Trocadéro par les courtisans et les journaux bourbonniens, surnom que les journalistes de l'opposition tournèrent en ridicule, et qu'ils affectèrent de répéter par ironie jusqu'à satiété.

ÉGLISE SAINT-ROCH,

Rue Saint-Honoré.

Le roi Louis XIV et Anne d'Autriche, sa mère, posèrent solennellement la première pierre de cette église, le 28 mars 1653. Sa construction s'exécutait avec lenteur, ou était suspendue, lorsqu'en 1720, le fameux Law, de désastreuse mémoire, converti par l'abbé de Tencin, ayant abjuré le protestantisme (auquel il ne croyait pas plus qu'à la religion catholique, apostolique et romaine), afin d'être nommé contrôleur-général des finances, ayant entendu la messe et communié dans l'église de Saint-Roch, sa paroisse, donna à cette église 100,000 fr. pour achever son bâtiment. Ces 100,000 francs, consistant en billets de banque, servirent peu à la construction de cet édifice, qui ne fut entièrement achevé qu'en 1740.

Le portail de cette église, élevé sur les dessins de Robert de Cotte, au-dessus d'un grand nombre de marches, reçoit de cette élévation un caractère de majesté qui convient à un temple. Il se compose de deux ordonnances, l'une dorique, l'autre corinthienne : cette dernière est couronnée par un fronton.

L'intérieur de cette église se divise en cinq parties distinctes : la *nef*, le *chœur*, la *chapelle de la Vierge*, celle de la *Communion*, enfin la *chapelle du Calvaire*.

Cette dernière est à l'extrémité de l'édifice. Une vaste niche, éclairée par une ouverture qu'on ne voit point, par un jour que les architectes nomment *jour céleste*, présente la cime du Calvaire, l'image de Jésus crucifié, et la Madeleine pleurant au pied de la croix. Sur le premier plan sont des soldats couchés, des troncs d'arbres, des plantes, parmi lesquelles rampe le serpent. Plus avant, et au bas de cette espèce de montagne, lieu de supplice, est un autel de marbre bleu-turquin, en forme de tombeau antique, orné de deux urnes d'où sort de la fumée en marbre. Au milieu, s'élève le tabernacle, composé d'une colonne tronquée, et autour duquel sont groupés les instrumens de la Passion. Une nouvelle scène sépulcrale a été récemment ajoutée. A droite de cette chapelle, de vastes rochers présentent l'ouverture d'une grotte devant laquelle sont deux groupes de figures, en bosse ronde, plus grandes que nature. Ces groupes représentent Jésus mis au tombeau. Ils furent établis en 1807.

La chaire de cette église est remarquable par sa construction, et porte un caractère poétique.

La rue du Dauphin, qu'on nommait rue de la *Convention*, qui débouche dans la rue Saint-Honoré, en face du portail de l'église Saint-Roch, fut un des principaux théâtres du combat du 13 vendémiaire 1795. Les sectionnaires, montés sur les marches du perron de cette église, avaient un grand avantage sur les républicains qui essayaient d'entrer dans cette rue. Ils pouvaient, en s'écartant de l'alignement de la rue, ou en se retirant dans l'église, échapper à la mousqueterie des républicains. Ceux-ci engagèrent dans la rue étroite et périlleuse de la Convention une pièce de huit, et en firent une décharge de vingt pas en vingt pas, qui fit reculer les sectionnaires, et laissa de ses marques sur le portail de l'église.

Le 15 octobre 1802, mourut mademoiselle Chameroy,

danseuse de l'Opéra. Ses funérailles donnèrent lieu à une scène scandaleuse. Le curé de Saint-Roch, prêtre fanatique, ne voulut recevoir ni le corps de la défunte, ni le cortège nombreux d'artistes en tous genres qui l'accompagnait. Le curé des Filles-Saint-Thomas se montra plus indulgent ; il ne refusa de faire aucune des prières et des cérémonies d'usage.

Pareille scène eut lieu dans la même église, le 17 janvier 1816, à la mort de mademoiselle Raucourt, artiste célèbre du Théâtre français. Le même curé refusa l'entrée de son église au corps de mademoiselle Raucourt. Le peuple, justement indigné de ce refus, enfonce les portes, et commençait à remplir les cérémonies d'usage, lorsque Louis XVIII envoya un de ses aumôniers. Alors l'ordre fut rétabli. Il est bon d'observer que cette actrice avait fait des dons considérables à l'église Saint-Roch, sa paroisse, et que ce fut pour lui en témoigner sa reconnaissance que le curé lui refusa les prières et les cérémonies des morts.

MARCHÉ AUX FLEURS,
Quai Desaix.

Ce marché, qui tient les mercredi et samedi de chaque semaine, fournit au Parisien casanier la ressource de renouveler le jardin de sa fenêtre, jardin qui a environ trois pieds de long, et qu'il a soin d'arroser matin et soir, souvent au détriment de ceux qui ont le malheur de passer sous sa croisée.

Les marchandes de fleurs, qui n'ont ni la jeunesse, ni la fraîcheur de Flore, vendent toujours en conscience, surfaisant de 90 p. 100.

On a vu donner pour 10 sous le soir, un arbuste dont on demandait 6 francs le matin.

Mais les époques de l'année les plus favorables à la vente des fleurs, sont celles marquées par les fêtes de plusieurs saints et saintes dont les noms de baptême sont les noms portés par une foule de Parisiens de tout âge, de tout sexe et de toutes conditions. Chacun cherche à s'approvisionner de fleurs, suivant ses facultés bursales; le parterre de Flore est soudain enlevé pour reparaître aussi brillant, à la même place, trois jours après.

PLACE MAUBERT.

Ainsi nommée d'Aubert, second abbé de Sainte-Geneviève, qui permit, au douzième siècle, de construire des étaux de boucherie sur cette place, qui était dans sa censive.

L'abbé de Grécourt était fort amoureux d'une belle chapelière de la place Maubert. Cette femme était janséniste décidée, et sachant qu'il était poète, ne lui fit entrevoir quelques apparences de lui plaire, qu'autant qu'il composerait quelque ouvrage piquant contre la bulle *Unigenitus* et les jésuites. Ainsi c'est à l'amour que l'on a dû le poème de *Philotanus*, dont le succès fut alors éclatant.

Quelques années après, le bon abbé, s'étant pris de goût pour la femme d'un cordonnier, qui détestait le jansénisme, depuis que la maison de Saint-Magloire avait ôté sa pratique à son mari; cette femme exigea que l'abbé tournât également en ridicule les Arnaud, les saint Cyran, le diacre Paris, etc.

Grécourt, né en 1683, était chanoine de Tours, où il mourut en 1743. Il est auteur d'un grand nombre de contes orduriers, qui attestent que le bon abbé préférait les joies de ce monde à celles du paradis.

GRISETTES.

Classe assez nombreuse dans la capitale, composée de monteuses de bonnets, de couturières, d'ouvrières en linge, etc. Toutes ces filles du petit peuple se séparent à 17 ou 18 ans de leurs parens pauvres, prennent leur chambre particulière, et y vivent à leur fantaisie.

Une grisette, tant soit peu jolie, économise sur sa nourriture, pour se procurer la parure qui doit la faire distinguer dans un bal, où elle ne tarde pas à se faire un ami. Cet ami est ordinairement un étudiant en médecine ou en droit, ou un jeune homme à peine échappé du collège.

Quelques-unes de ces grisettes se piquent de fidélité; et si leurs amans les abandonnent, elles jettent les hauts cris; mais bientôt de nouveaux consolateurs se présentent; on fait un choix; on se lie de nouvelles chaînes qui bientôt sont brisées, et les malheureuses, dont les charmes commencent à se flétrir, finissent par devenir des filles publiques, dont l'hôpital est la seule perspective, et une mort douloureuse le terme de leur carrière.

JARDIN DE LA GRANDE-CHAUMIÈRE,

Boulevard du Mont-Parnasse.

Ce jardin est renommé par les demoiselles à semi-vertu et les jeunes gens. C'est le rendez-vous des graveurs, dessinateurs, peintres, bijoutiers, orfèvres, étudians en droit, en médecine, en chirurgie, commis libraires, courtauts de boutique, etc. C'est aussi là que se réunissent les petites marchandes de modes, les couturières, les polisseuses, émailleuses, brunisseuses, enlumineuses, etc., dont quelques-unes assez jolies se font ramasser au bas des Montagnes-Suisses qu'on y a construites.

Je parcourus ce jardin dans tous les sens : je m'approchai de la salle du bal ; j'y vis valser avec beaucoup de grace, car la valse depuis quelque temps est de toutes les parties de plaisir ; en mon particulier, j'approuve cette danse qui, au moins, a un caractère ; et c'est ce qu'on ne peut dire de nos danses, appelées si justement contre-danses, où les cavaliers et les dames courent les uns après les autres comme des fous, en avant, en arrière ; où, après avoir fait un chassé, la chaîne anglaise, la queue du chat et un balancé, on recommence sur de nouveaux frais à se heurter réciproquement sans grace et sans aucun dessein.

La danse doit être l'expression des passions : quand elle ne remplit pas ce but, elle n'est qu'une série continuelle de sauts et de pirouettes.

Un danseur, nommé Memphis, qui était un philosophe pythagoricien, exprimait par sa danse, au rapport d'Athénée, toute l'excellence de la philosophie de Pythagore,

Il avait été relégué parmi les fous par ordre supérieur, pour avoir fait une chanson dont voici le refrain :

> Oui, le grand Napoléon
> Est un grand caméléon.

Escouchard Le Brun, surnommé le Pindare français, ayant fait des vers en l'honneur d'un des personnages de la révolution, Désorgues lança contre lui cette épigramme :

> Oui, le fléau le plus funeste
> D'une lyre banale obtiendrait des accords ;
> Si la peste avait des trésors,
> Le Brun serait soudain le chantre de la peste.

RUE SAINT-MAUR,

Faubourg - Saint - Germain.

On remarque dans cette rue, l'hôtel de Montigny, qui avait appartenu auparavant à M. de Jumilhac. Il avait été bâti, sous le règne de Charles IX, par un trésorier général.

Ce financier, fat et présomptueux comme un nouveau parvenu, après un festin des plus recherchés où figurait le poète Ronsard ; ivre de l'encens que lui prodiguaient les convives, il ne manqua pas de leur montrer, dans le plus grand détail, tout ce que cet édifice avait de plus remarquable, et surtout la façade, au-dessus de laquelle était une grande table de marbre noir, très polie, sur laquelle il n'y avait pas encore d'inscription. Sur quoi la compagnie, en reconnaissance du bon accueil et de la bonne chère du

la place Royale.

propriétaire, invita Ronsard à faire quelques vers dignes de remplir cette belle pierre d'attente.

Le poète, à qui le faste et la vanité de cet homme avaient déplu, s'en excusa d'abord de son mieux, sous prétexte qu'on ne commandait point aux muses, et de ce que de sa vie, il ne s'était trouvé moins en verve. « D'ailleurs, ajouta-t-il, j'ai positivement promis d'être à cinq heures précises chez M. le duc de ***, où je crains tellement de me faire attendre, que j'ai déjà prié Monsieur, (en montrant le financier) de vouloir bien donner ses ordres pour que l'on tînt mon cheval prêt, et que voici qu'on me l'amène. »

Mais, malgré la légitimité apparente de ces excuses, forcé de céder enfin aux importunités, tant de la part des convives que de celle de l'Amphytrion, il demande plume, encre et papier, écrit à la hâte, lui remet le quatrain suivant, saute en selle, et pique des deux.

> Pour avoir des deux mains su prendre,
> J'ai fait bâtir cette maison ;
> Mais si l'on m'eût bien fait raison,
> Dès long-temps on m'aurait vu pendre.

RUE DES PETITS-AUGUSTINS.

Elle tire son nom du couvent des Petits-Augustins qui s'y établirent en 1608.

La reine Marguerite, première femme de Henri IV, avait fait venir des Augustins déchaussés, auxquels elle donna une maison, six arpens de terrain et six mille francs de rente perpétuelle, à condition qu'ils chanteraient des cantiques et les louanges de Dieu sur des airs qui seraient faits par son ordre. Ces pères, assurément, n'aimaient pas la musique, car ils s'obstinèrent à ne vouloir que psalmodier; elle les chassa, et mit à leur place des Augustins, qui devinrent amateurs de musique, avec les six mille francs de revenus qui s'étaient considérablement augmentés.

C'est dans le couvent, l'église et le jardin des Petits-Augustins, que l'on admirait le Musée des monumens français, établi par M. Lenoir, qui avait classé par ordre de siècle les monumens précieux qu'il avait sauvés du naufrage de la révolution; c'était l'histoire de France en relief, et en même temps celle de l'art qu'on visitait toujours avec un nouveau plaisir.

A la restauration, Louis XVIII jugea à propos de dépouiller ce Musée des monumens, qui avaient coûté tant de soins et de peines à établir, et de disperser de côté et d'autre tous les objets qui les composaient, et qui en faisaient le mérite et l'ornement.

Au Musée des monumens a succédé une *école spéciale des Beaux-Arts*, consacrée à l'enseignement de la peinture, de la sculpture, de l'architecture, de la gravure et du dessin. Il y a douze professeurs et huit adjoints. On y voit des fragmens d'architecture moulés.

Il y a, chaque année, un concours pour les grands prix de peinture, de sculpture et d'architecture; celui de gravure n'a lieu que de deux ans en deux ans, et celui de peinture en paysages, tous les cinq ans.

LA SENSIBILITÉ A L'ÉPREUVE.

Sensibilité! vertu à la mode, qui supplée aux sentimens naturels, à l'amour conjugal, et même à l'amour.

Une dame de la Chaussée d'Antin, se désolait de ne pas recevoir des nouvelles de son mari, qui avait été tué au Trocadéro. Personne n'osait lui annoncer cette mort, de peur de la mettre au désespoir. Enfin quelqu'un fut la voir dans le dessein de l'en instruire. Elle l'entretient de sa douleur, et de la crainte que son mari ne soit mort. — Et s'il l'était, que feriez-vous? — Ah! s'écria-t-elle avec vivacité, je me jetterais par la fenêtre aux yeux de celui qui m'en apprendrait la nouvelle. L'autre aussitôt se lève et va ouvrir toutes les fenêtres de l'appartement. La femme comprit ce qu'il voulait lui dire : mais ses transports à l'instant cessèrent, et elle ne put même s'empêcher de rire en se voyant ainsi prise au mot.

Cette aventure tragi-comique fit dans les salons le sujet de toutes les conversations. On plaignit justement le mort; mais, au rire près, on approuva le changement subit de cette dame, et on la félicita de n'avoir pas été la victime de sa sensibilité.

RUE DES MATHURINS-SAINT-JACQUES.

Cette rue, qui commence rue Saint-Jacques, et finit rue de La Harpe, se nommait autrefois rue du Palais des Thermes; elle prit ensuite le nom qu'elle porte aujourd'hui, du couvent des Mathurins, qui, avant la révolution, était situé dans cette rue. Au n° 14, on remarque l'hôtel Cluny, bâti en 1505 sur une partie des ruines de l'antique palais des Thermes par Jacques d'Amboise, abbé de Cluny. Cet hôtel appartient aujourd'hui à un libraire qui l'habite, et qui a su en tirer un bon parti, en le peuplant de plusieurs libraires, relieurs, etc.

C'est au coin des rues des Mathurins et de La Harpe que demeurait l'épicier avec la femme duquel Le Noble, auteur de plusieurs ouvrages, avait eu une intrigue amoureuse, qui l'avait conduit devant les tribunaux sur la plainte du mari. La partie n'était pas égale : l'épicier se ruinait en écritures, Le Noble composait les siennes, et les vendait bien cher à un libraire. Les rieurs, rarement disposés en faveur d'un pauvre mari qui se plaint, étaient tous pour Le Noble, qui les réjouissait par ses factums. Il fut pourtant banni de Paris; mais il s'y tint seulement un peu plus caché qu'il ne faisait avant l'arrêt.

Il composa, à l'occasion de ce bannissement, les vers suivans :

<blockquote>
Quel affreux désert seras-tu,
Pauvre Paris, tu vas devenir Rome,
Si Thémis de tes murs bannit tout galant homme,
Dès qu'il aura fait un c...
Grands porteurs de bonnets à cornes,
A ce zèle mettez des bornes,
Ou vous dépeuplerez cette auguste cité.
Consultez l'intérêt de l'Etat et du maître :
Punissez qui détruit, protégez qui fait naître
Des sujets à sa majesté :
Mais je vois d'où vient la tempête;
</blockquote>

Chacun craint pour son atelier ;
Et l'on dit, qu'en jugeant, vous vous frottiez la tête
Contre celle de l'épicier.

RUE DE BEAUNE.

Au coin de cette rue, qui donne d'un bout sur le quai Voltaire était l'ancien hôtel de Villette, où l'auteur de la Henriade a terminé sa carrière le 30 mai 1778, à l'âge de 84 ans. Sa famille, pour éviter les tracasseries du clergé de Paris, avait fait transporter ses restes, en poste, à l'abbaye de Scellières, dont son neveu, M. Mignot, était abbé commendataire.

En 1791, les restes de Voltaire furent rapportés à l'hôtel de Villette, et la translation au Panthéon eut lieu le 12 juillet de la même année.

Jamais obsèques de souverain n'ont présenté un ensemble aussi majestueux ; la marche triomphale commença à 3 heures après midi, et dura jusqu'à 10 heures du soir.

Dans le grand nombre des inscriptions qui ornaient le char, on remarqua celles-ci :

« Il vengea Calas, Labarre, Sirven et Mont-Bailly.

« Poète, philosophe, historien, il a fait prendre un grand essor à l'esprit humain, et nous a préparés à devenir libres. »

Louis XVI, à l'une des croisées du pavillon des Tuileries, à travers la jalousie, observait avec attention la marche du cortège. Il devait faire de grandes réflexions, et dire : « quelle puissance ! quelle souveraineté que le génie ! »

RUE DE LA TIXÉRANDERIE.

Ainsi nommée des tisserands qui l'habitaient.

Paul Scarron, le héros du genre burlesque, logeait au second étage d'une maison, au milieu de cette rue ; lui et sa femme (depuis madame de Maintenon) n'avaient pour tout logement que deux chambres sur le devant, séparées par l'escalier ; une cuisine sur la cour où couchait un petit laquais.

RUE J.-J. ROUSSEAU.

Elle donne d'un bout rue Coquillère, et de l'autre rue Montmartre. Elle se nommait ci-devant rue Plâtrière.

Le nom de J.-J. Rousseau lui fut donné en 1790, en mémoire du célèbre écrivain de ce nom, qui habita long-temps un petit appartement au troisième étage dans cette rue.

On y remarque l'hôtel général des Postes aux lettres, établi dans l'ancien hôtel d'Armenonville.

Au n° 3 est l'ancien hôtel Bullion, qui appartenait à M. de Bullion, surintendant des finances de Louis XIV. On a fait construire dans l'intérieur des salles de ventes publiques qui, pendant long-temps, ont eu une grande réputation, principalement pour les ventes de Tableaux. Aujourd'hui on y vend toute espèce de marchandises au comptant.

Marchand, célèbre musicien du roi, dînait à l'hôtel de Bullion, où il y avait trois ou quatre femmes de la cour.

Après le repas, la compagnie passa dans une salle où elle prit du café, et au fond de laquelle était un clavecin. Madame de Bullion, s'adressant à Marchand, lui dit : « Monsieur Marchand, ces dames se flattent que vous voudrez bien les régaler d'un petit plat de votre métier. Voilà un clavecin. — Oh! madame, lui répondit le musicien d'un air chagrin, je vous prie de me dispenser de jouer du clavecin; je ne suis point en humeur de toucher un clavier. — Allons, allons, reprit la duchesse de Bullion, cessez de vous en défendre; mon ami, un petit air : nous valons bien la peine que vous ayez cette complaisance pour nous. »

On s'imagine sans doute qu'après quelques façons, notre musicien se rendit et accorda aux dames la satisfaction qu'elles attendaient de lui; mais, non; il fut inexorable. Alors madame de Bullion, piquée de l'impolitesse de Marchand, le laissa là. Elle fit apporter des cartes, et les dames commencèrent une partie d'ombre. Le quinteux musicien demeura quelques momens à les voir jouer; puis las de les regarder, il se leva de sa chaise, et sans penser à ce qu'il faisait, il alla se mettre auprès du clavecin, dont il ne put s'empêcher de jouer en badinant. Mais la duchesse ne l'entendit pas plutôt qu'elle lui imposa silence, en lui disant d'un ton aigre et sec : « Taisez-vous, Marchand, vous nous étourdissez; laissez-nous jouer en repos. »

PLACE DE SAINTE-GENEVIÈVE,
Ou du Panthéon.

C'est sur cette place qu'est située la *faculté de Droit*, bâtiment construit en 1770, par Soufflot, composé d'un vaste amphithéâtre, de salles et de logemens. Il y a environ trois mille à trois mille cinq cents étudians, tant de Paris que des départemens, qui viennent y apprendre à subtiliser les lois, étendre la procédure, et dépouiller les propriétaires, la veuve et l'orphelin, à rendre problématique la vérité, dénaturer les faits et obscurcir les notions les plus simples du bon sens et de la raison.

Dans cette légion d'étudians, il s'en trouve un certain nombre qui, négligeant les pandectes de Justinien, Barthole, Cujas et toute la tourbe des commentateurs, la jurisprudence et tous nos codes, jugent plus à propos d'aller aux spectacles, de fréquenter les bals, de jouer au billard, de courir les chances, au Palais-Royal, de la rouge ou de la noire, enfin de s'amuser de toutes les manières possibles, sauf aux pères à fournir à toutes leurs dépenses pour faire tout autre chose que ce qu'ils doivent faire.

Au lieu de suivre les cours de droit, ces jeunes gens suivent les grisettes dans les rues de la capitale, commencent des intrigues amoureuses qui se terminent aux vacances, et retournent ensuite chez leurs parens tout aussi savans qu'ils étaient lorsqu'ils ont quitté le toit paternel.

POMPE A FEU,
Quai de Chaillot.

Cette pompe a deux machines à vapeur de la plus grande dimension, qui donnent le mouvement à des pistons qui refoulent l'eau jusque sur la partie la plus élevée de Chaillot, où sont placés quatre réservoirs tellement vastes, qu'ils donnent en 24 heures 38,600 muids d'eau : cette eau part ensuite par des tuyaux de conduite pour sa destination dans les différens quartiers de Paris. Cette mécanique est l'ouvrage des frères Perrier. Leurs ateliers méritent d'être vus par tous les connaisseurs.

BARRIÈRE DE PASSY.

Elle était nommée précédemment des *Bons-Hommes* parce qu'elle était tout près du ci-devant couvent de ce nom (couvent de Minimes). Elle prit le nom de *Conférence*, parce qu'elle n'était qu'un reculement de la barrière de ce nom. Aujourd'hui elle n'est connue que sous la désignation de *Passy*.

Le 17 juillet 1789, Louis XVI fit son entrée à Paris par cette barrière; un peuple immense fut au-devant du roi. M. Bailli, faisant les fonctions de maire de Paris, présenta à ce prince les clés de la ville, en lui disant : « Sire, ce sont les mêmes clés qui furent présentées à Henri IV; il vint conquérir son peuple, aujourd'hui c'est le peuple qui reconquiert son roi. »

Le 6 octobre 1789, le roi, ainsi que toute sa famille, est entré à Paris par cette même barrière pour la dernière fois, à l'effet de venir fixer sa résidence dans la capitale, où, quelques années après, il fut enfermé au Temple, et de là, conduit à l'échafaud.

RUE QUINCAMPOIX.

Cette rue, qui commence rue Aubry-le-Boucher, et finit rue aux Ours, est fameuse dans les annales de l'agiotage par le jeu effroyable que l'Ecossais Law, contrôleur-général des finances, fit jouer en 1719 et 1720, à toute la France, sous les auspices du duc d'Orléans, régent du royaume, pendant la minorité de Louis XV. L'or et l'argent n'avaient plus de valeur; on se portait en foule dans cette rue pour avoir des billets hypothéqués sur le Mississipi contre des espèces monnayées. Ces billets, qui se montèrent jusqu'à six milliards, et que le gouvernement ne put rembourser, produisirent de grands malheurs, et la ruine d'un grand nombre de familles; malheurs qui se renouvelèrent encore, soixante-dix ans après, avec les assignats.

Un anonyme a fait ainsi l'épitaphe de Law :

> Ci-gît cet Ecossais célèbre,
> Ce calculateur sans égal,
> Qui, par les règles de l'algèbre,
> A mis la France à l'Hôpital.

BARRIÈRE DU MAINE.

Ainsi nommée, parce que l'on sort de Paris pour aller dans l'ancienne province du Maine.

C'est à cette barrière que se rendent ponctuellement les ouvriers, les petits bourgeois du faubourg Saint-Germain, les dimanches et fêtes, pour y faire des libations en l'honneur de Bacchus.

Des salles de danse y attirent les jeunes gens et les grisettes; les rencontres amoureuses y sont fréquentes, et l'on s'y divertit plus agréablement que dans les salons de la chaussée d'Antin. La grosse joie fait tous les frais des réunions populaires; on en a banni l'étiquette qui glace les esprits et refroidit les plaisirs.

On remarque à cette barrière le café de la Gaîté, connu sous le nom de café-bal, c'est-à-dire que l'on y paie pour danser et pour se rafraîchir.

A vingt pas de ce café est un cimetière et des guinguettes qui forment un ensemble de choses belles et bonnes, qui rendent l'établissement de la Gaîté très intéressant, et le lieu où il est situé extrêmement agréable.

Un musicien de ce café, bien gai et passablement rond, sortait le 10 juin 1831, à deux heures du matin, d'un petit souper qui avait terminé le bal. Affecté d'une faiblesse dans les jambes, le musicien, en moins de dix pas, décrivait mieux qu'un géomètre une demi-douzaine de cercles, ce qui alongeait prodigieusement la route, et l'impatientait fort. Un pas moins mesuré que les autres rompt l'équilibre jusqu'alors assez bien gardé, et voilà le musicien jouant à plat-ventre le rôle de l'homme-machine. Il prend de l'humeur, jure de ne pas se relever et s'endort.

Des voleurs en expédition passent près de lui, l'aperçoivent et le débarrassent sans le réveiller de son argent, de ses vêtemens et même de sa chemise, dit-on.

Un tombereau de morts, extraits d'un hôpital, et que le cocher conduisait au cimetière du Mont-Parnasse, allait entrer dans le chemin qui y aboutit. Les chevaux sont effrayés par le corps du musicien qui se trouve sous leurs pieds; ils se cabrent, et renversent les défunts et le cocher qui dormait sur son siège. La chute de ce dernier ne fut point assez violente pour l'empêcher de se relever et derelever les corps au nombre desquels il comprend, sans le savoir, celui du musicien qui dormait toujours. Les choses remises en leur place, et le cocher sur son siège, la voiture roule de nouveau. Tourmenté par les oscillations du char, et rafraîchi par le froid de ses compagnons de voyage, notre musicien se réveille à moitié, et se croyant encore au café de la Gaîté, il crie de toute la force de ses poumons : « Chassez, croisez ! la chaîne anglaise ! la queue du chat ! » Le cocher, effrayé à son tour, presse la marche de ses coursiers, entre rapidement dans le cimetière, et dit au fossoyeur : « Sac.. nom de D..., mon frère, j'ignore ce qu'ils font là-dedans, mais je crois qu'ils se battent; voyez donc cela, et expédiez les promptement. » Le fossoyeur rit en gognardant, se présente devant le char qu'il ouvre. Tout à coup un grand corps se lève : « En avant deux ! dit-il, un tour de main ! la queue du chat ! Du diable, plutôt ! dirent le fossoyeur et le cocher, en se sauvant à toutes jambes.

Scandalisé de la fuite de ses danseurs, le musicien saute du tombereau, et les suit en leur criant : « Ce n'est pas cela, reprenez vos places. »

Les commis de la barrière, voyant courir deux hommes, et un grand corps sans chemise les poursuivre, s'imaginent que c'est une ruse de contrebandiers; ils barrent le chemin, et s'emparent des fuyards. « Qu'avez vous ? leur demande le chef, qui ordonne qu'on ne les laisse point échapper. — Nous sommes poursuivis par le diable. — Eh ! non, messieurs, c'est par le premier violon du café de la Gaîté, car le chef venait de le reconnaître. »

Cette scène dégrisa un peu le poursuivant, et rétablit le calme dans l'esprit des fuyards. Tout s'expliqua. Messieurs des droits, contre leur coutume, donnèrent des vêtemens et firent une collecte en faveur du musicien, qui, pour se remettre entièrement, se retira au cabaret voisin.

ÉGLISE DE L'ASSOMPTION,
Rue Saint-Honoré.

Couvent de religieuses réformé en 1790. En 1802, son église fut choisie pour être, sous le nom de *Sainte-Madeleine*, l'église paroissiale du premier arrondissement de Paris. Elle remplaça l'église Sainte-Madeleine, située à la Ville l'Evêque, dont le bâtiment avait été démoli au commencement de la révolution.

Cette église, construite sur les dessins d'Errard, peintre du roi, et dont la forme n'est pas heureuse, représente une tour couverte d'un vaste dôme de soixante-deux pieds de diamètre.

Le plafond du chœur, qui a soixante pieds de longueur, a été peint par Lafosse; il représente l'Assomption de la Vierge. L'église était ornée de plusieurs ouvrages des maîtres de l'Ecole française. On y distinguait surtout une Nativité, peinte par Houasse, et placée sur le grand autel.

Parmi quelques tableaux qu'on y a placés, depuis que cette église est devenue paroissiale, on remarque celui de M. Gautherot, représentant saint Louis donnant la sépulture à un soldat de son armée.

RUE DU PETIT-MUSC.

C'est dans cette rue, voisine de la rue Saint-Antoine, qu'on a formé un établissement en faveur des blessés indigens, qui a pour but de soigner gratuitement les blessures des indigens, de leur donner des consultations, du linge et des médicamens. Il a été affecté à cette institution trois mille francs, réduits aujourd'hui à deux mille francs, qui sont acquittés par la caisse des pauvres et des hospices.

Les institutions les plus utiles sont celles qui sont le moins favorisées par les administrations gouvernementales. L'établissement dont il s'agit ici, auquel on avait alloué trois mille francs, a été réduit à deux mille; mais en revanche, on prodigue l'argent à de hauts fonctionnaires, à des directeurs qui n'ont rien à faire, à des chefs de bureaux qui ne s'occupent point de leurs emplois, etc.

La chambre des Pairs, composée de princes, de nobles, de carlistes et d'émigrés, presque tous très riches et hostiles au peuple et au gouvernement, obtient les faveurs de ce même gouvernement. Plusieurs de ses membres, reçoivent des douze à quinze mille francs de traitement par chaque année; le peuple souffre. Qu'importe! il faut engraisser les ennemis et les vampires de l'Etat aux dépens des contribuables et des prolétaires qui ont beau se plaindre et crier; leurs plaintes et leurs cris sont un murmure flatteur aux oreilles de ceux qui boivent son sang ou s'abreuvent de ses sueurs. (Voir la Tribune du 14 février 1833).

RUE DU CHANTRE.

C'était l'une des rues désignées par saint Louis pour les prostituées. Cette rue était alors hors de Paris. Tous les jours vous y rencontrez une armée de filles publiques, plus dégoûtantes les unes que les autres, et qui vous sollicitent effrontément de les suivre dans leurs repaires. Toutes ces filles ont des souteneurs, gens de sac et de corde, qui vivent crapuleusement aux dépens de ces viles prostituées qu'ils maltraitent vigoureusement, lorsque les gains de leurs journées ont été médiocres.

Ces misérables filles mangent peu et boivent beaucoup d'eau-de-vie; on pourrait même dire que c'est leur seule boisson. Elles sont dans un état presque continuel d'ivresse qui a déformé les traits de leurs figures, et anéanti les facultés de leurs ames.

RUE DE LESDIGUIÈRES.

Le connétable de ce nom avait acheté son hôtel situé dans cette rue, de Sébastien Zamet, fils d'un cordonnier, et lui-même, cordonnier du roi Henri III. Ce Zamet était un de ces étrangers qui vinrent en France avec Catherine de Médicis, d'horrible mémoire, et qui introduisirent une foule d'impôts. Ce cordonnier, par ses intrigues, devint un grand personnage; il fut nommé chevalier, baron de Monet, bailli de Beauvais et de Casabelle, capitaine du château et surintendant de la maison de la reine, etc. Zamet pouvait dire : « Je suis noble dans les formes. » On voit que, dans tous les temps, des hommes d'une naissance et d'une classe obscures sont parvenus au faîte des grandeurs par leurs intrigues et leurs bassesses.

Après la mort de Henri III, le nouveau baron jouissait de la plus grande faveur auprès de Henri IV, qui allait souvent manger chez lui, et auquel il ne se faisait aucun scrupule de procurer des femmes.

RUE NEUVE DES MATHURINS.

Cette rue fut percée vers l'an 1778, sur un terrain où les Mathurins avaient plusieurs possessions.

Mademoiselle Guimard, danseuse à l'Opéra, avait fait bâtir une superbe maison du côté des boulevards; elle représentait le temple de Terpsicore, déesse de la danse. Cette maison était remarquable autant par l'élégance de l'architecture que par sa distribution.

M. Le Doux, architecte du roi, n'avait rien épargné pour rendre l'habitation de mademoiselle Guimard digne de son sujet, ainsi que pour plaire au prince de Soubise, qui fournissait les fonds nécessaires pour la construction de cet asile de la volupté.

Madame de Montesson, maîtresse, et par suite épouse de la main gauche du duc d'Orléans, demeurait aussi dans cette rue.

RUE DU CHEVALIER-DU-GUET.

Ainsi nommée du chevalier ou commandant du Guet qui y logeait au commencement du quinzième siècle.

C'est dans la place du Chevalier-du-Guet, que mourut,

une des célébrités du XIII⁰ siècle. On y trouve aujourd'hui la mairie du quatrième arrondissement.

VAL-DE-GRACE.

Indépendamment des cœurs de plusieurs princes et princesses de la famille royale, l'église du Val-de-Grâce renfermait, avant la révolution de 1789, celui d'Anne d'Autriche, femme de Louis XIII et régente de France après la mort de ce prince. Le magasin central des hôpitaux militaires est aujourd'hui établi dans cette église, qui ne paraît avoir éprouvé du reste aucune dégradation dans son intérieur. En 1818 et 1819, on renouvela entièrement la couverture en plomb de son dôme, le plus élevé de Paris après ceux des Invalides et du Panthéon.

ÉGLISE SAINT-SÉVERIN.

Après bien des conjectures sur son origine, on a enfin cru que cette église contenait le tombeau de Saint-Severin, solitaire d'un faubourg de Paris. Etienne Pasquier, Sévole et Louis de Sainte-Marthe, frères jumeaux, premiers rédacteurs de la GALLIA CHRISTIANA; Louis Elie Dupin, etc., reposaient dans cette même église qui, en 1812, devint succursale de Saint-Sulpice. Etienne Pasquier, célèbre avocat et l'un des plus savans hommes de son temps, était né à Paris en 1529. Il mourut en 1615.

ÉGLISE SAINT-GERVAIS.

Contenait les cendres et monumens funèbres de personnages distingués : du traducteur Pierre du Ryer; du poète Scarron, de ce chanoine du Mans qui, au carnaval de 1638, s'étant déguisé en sauvage, fut poursuivi par les enfans de la ville et forcé de se cacher dans un marais, où le froid le saisit tellement qu'à l'âge de vingt-sept ans, une espèce de paralysie lui ôta l'usage de ses jambes; ce qui ne l'empêcha pas de devenir l'époux de Mlle d'Aubigné, connue depuis sous le nom de Mme de Maintenon. Ce poète mourut en 1660. L'abbé de Boismont et le peintre Champagne reposaient aussi dans cette église, où l'on remarquait le fastueux mausolée de Michel le Tellier, chancelier de France et garde-des-sceaux, mort à l'âge de quatre-vingt-trois ans huit jours, après qu'il eut scellé la révocation de l'édit de Nantes.

SAINT-ÉTIENNE-DU-MONT.

On distingue dans la chapelle de la Vierge, située au rond-point de cette église, le monument de Blaise Pascal, monument qui ne consiste qu'en une seule pierre, sur laquelle est gravée une épitaphe latine, et dont le plus bel ornement est le nom du célèbre auteur des Lettres Provinciales. Il mourut en 1662 à l'âge de 39 ans, après avoir fait des découvertes importantes sur la pesanteur de l'air et sur l'équilibre des liqueurs. La presse hydraulique est l'application d'un principe qu'il avait trouvé.

SAINT-JEAN-DE-LATRAN.

Il existait dans l'enceinte de cette maison de soldats-moines une commanderie, une tour et une église paroissiale, desservie par trois religieux conventuels de l'ordre. On remarquait dans l'église le magnifique monument sépulcral de JACQUES DE SOUVRÉ, commandeur de Saint-Jean-de-Latran, et grand prieur de France, mort en 1670. Il devait renfermer le corps de ce commandeur qui l'avait fait élever de son vivant, et sculpter par François Auguier, artiste célèbre; mais on n'y déposa que ses entrailles. Pendant la révolution, on le transféra au Muséum des monumens français. Dans la chapelle de la Vierge se voyait le tombeau de JACQUES BETHUN, de Balfour, archevêque de GLASCOW, et ambassadeur d'Écosse en France pendant 42 ans. C'était un ligueur très actif; mais à raison de son grand âge, Henri IV l'exempta de la proscription que sa conduite politique lui avait fait encourir. Il mourut en 1603. PROSPER JOLYOT de Crébillon, poète tragique, né à Dijon en 1674, reçut les honneurs funèbres dans cette même église, en 1762. Une députation de l'Académie Française, dont le défunt avait été membre, et une foule d'acteurs et d'actrices distingués des principaux théâtres de Paris, assistèrent à cette cérémonie funèbre, qui se fit avec beaucoup de pompe et de recueillement.

LES CARMES DE LA PLACE MAUBERT.

Le portail de la vaste église des Carmes était orné de plusieurs statues de reines, notamment de celle de Jeanne d'Evreux. Dans l'intérieur de ce temple, se voyaient divers monumens : celui de GILLES CORROZET, libraire, qui, le premier, publia une description de la capitale de France, ayant pour titre : ANTIQUITÉS, CHRONIQUES ET SINGULARITÉS DE PARIS; et les tombeaux du cardinal MICHEL DU BEC, mort à Avignon, en 1318, mais qui voulut que son corps fût transporté dans l'église des Carmes de Paris, et du père FÉLIX BRY, qui, en 1681, prouva par de solides raisonnemens que le pape n'était ni infaillible, ni au-dessus des conciles. En 1784, un monument sépulcral des plus fastueux fut aussi placé dans l'église des Carmes. Ce monument, élevé par M. Boullenois fils, et d'autres membres de sa famille, à la mémoire de M. Boullenois père, avocat, et auteur du Traité de la personnalité et de la réalité des lois, était plus riche que beau. Il fut transféré en assez mauvais état au Cloître du Musée des monumens français.

FIN.

LAGNY. — Imprimerie d'A. LE BOYER et COMP.

LAGNY. — Imprimerie de J. de Bonne et C

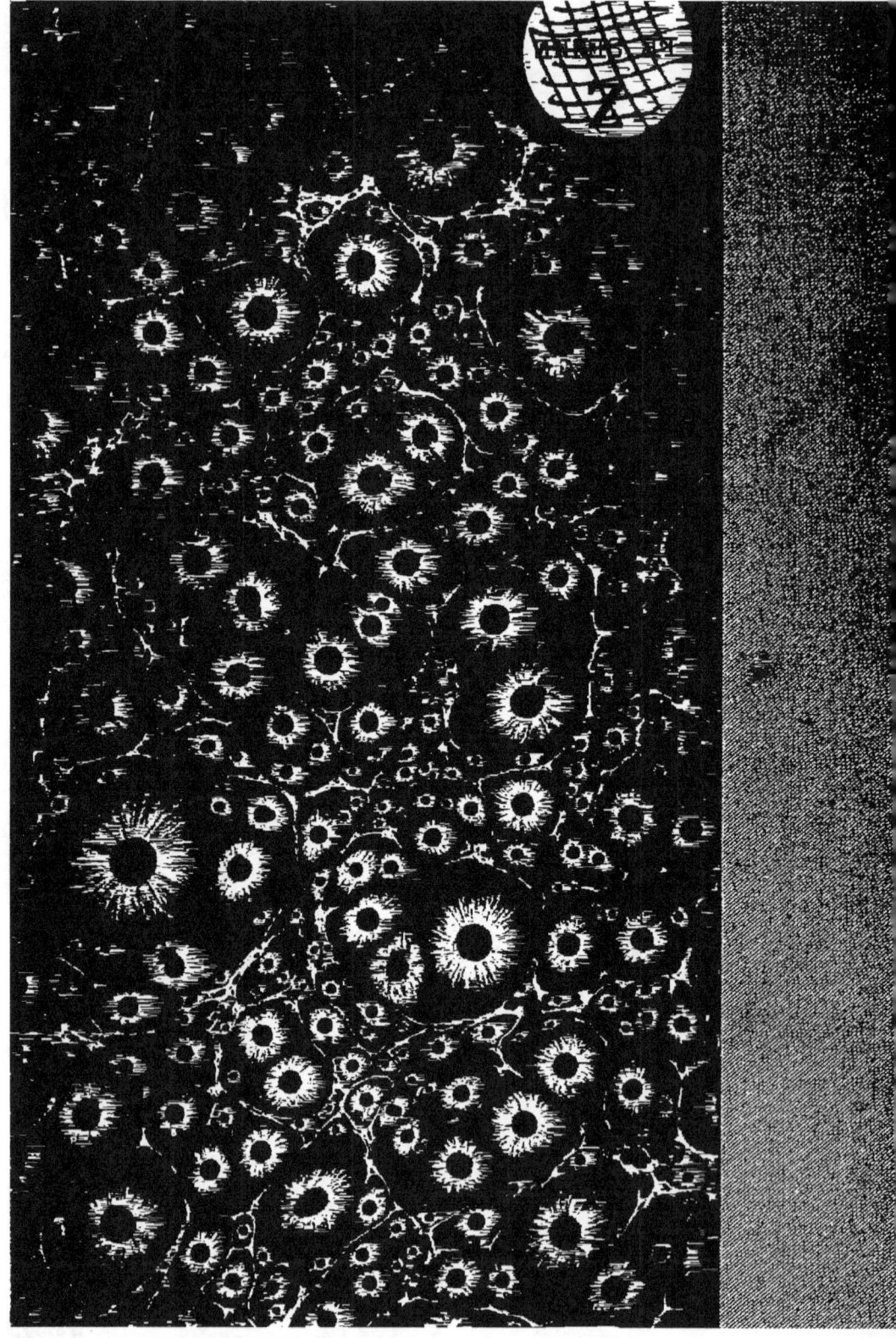

www.ingramcontent.com/pod-product-compliance
Lightning Source LLC
LaVergne TN
LVHW050630090426
835512LV00007B/771